AF224117

LE
TRAITÉ DE COMMERCE DE 1786
ET LES INTÉRÊTS DE LA NORMANDIE,

PAR M. DANSIN,

PROFESSEUR À LA FACULTÉ DES LETTRES DE CAEN,
VICE-PRÉSIDENT DE LA SOCIÉTÉ DES ANTIQUAIRES DE NORMANDIE.

A une époque comme la nôtre, où la facilité des communications abaisse de toutes parts les barrières qui séparaient les peuples de l'Europe, ces transactions internationales qu'on nomme des *traités de commerce* étaient appelées naturellement à jouer un rôle considérable, et l'on sait qu'en effet les actes de cette nature se sont singulièrement multipliés dans ces dernières années. Ce serait cependant une erreur de croire que l'ancienne diplomatie n'ait pas eu à conclure assez fréquemment, elle aussi, des conventions analogues. L'idée de rapprocher deux nations non-seulement par les serments réciproques de leurs ambassadeurs et de leurs princes, mais encore par le lien plus durable et plus solide de leurs intérêts, est une idée trop naturelle pour ne s'être présentée que de nos jours à la pensée des gouvernements; et c'est ainsi qu'entre le commencement du xiiie siècle et la fin du xviiie, nos recueils diplomatiques ne renferment pas moins de vingt-neuf traités de commerce conclus entre la France et l'Angleterre.

Mais ces conventions n'eurent pas toujours une grande importance, et, dans tous les cas, il n'en est aucune qui ait eu celle du traité conclu en 1786 entre le cabinet de Londres et le cabinet de Versailles. Ce traité n'est pas seulement un des actes diplomatiques les plus considérables du règne de Louis XVI, c'est un des épisodes les plus importants de l'histoire de l'économie politique dans les temps modernes. Nous voudrions en faire l'objet d'une étude de quelques pages. Dans un cadre aussi resserré, ce n'est pas naturellement une appréciation détaillée de cette grande transaction que nous voulons essayer. Notre dessein est plus modeste. Quand le traité fut promulgué, à la fin de 1786, il parut affecter d'une manière si grave les conditions économiques de la Normandie, qu'il y détermina aussitôt une émotion publique assez générale et assez profonde pour ne pouvoir être étouffée même par les premiers bruits de la Révolution. Quelle était la raison de cette émotion, et comment cette transaction commerciale pouvait-elle toucher d'une manière aussi grave aux intérêts de la Normandie? C'est ce que nous voudrions rechercher, en nous plaçant tout particulièrement au point de vue des intérêts et de la situation économique de la province.

I

La guerre d'Amérique s'était terminée, en 1783, par le traité de Versailles, qui avait du même coup consacré l'indépendance des États-Unis et scellé la réconciliation de la France et de l'Angleterre. Ce n'était toutefois qu'en frémissant que l'Angleterre avait accepté ce dénouement de la lutte. Jamais son orgueil national n'avait reçu une pareille blessure; jamais elle ne s'était sentie plus profondément atteinte dans sa fierté et dans ses intérêts. La marine de la France restaurée et son pavillon flottant victorieusement sur ces mers de l'Amérique et de l'Inde, d'où la guerre de Sept ans semblait l'avoir chassée pour toujours; — la marine anglaise humiliée à plusieurs reprises par des défaites d'autant plus douloureuses que, depuis le jour néfaste de la Hogue, l'Angleterre s'était habituée à considérer ses flottes comme absolument invincibles; — cet enfantement soudain, au delà des mers, d'une nationalité active, ardente, ambitieuse, et d'autant plus redoutable à son ancienne métropole qu'elle aussi elle était de cette race anglo-saxonne qui aimait à se proclamer déjà la race la plus vitale et la plus énergique; — un marché immense brusquement fermé aux produits de l'Angleterre, pour s'ouvrir sans doute aux produits de cette France à qui la jeune Amérique devait son indépendance et sa liberté : — c'étaient là de bien nombreux motifs d'humiliation. Aussi le patriotisme anglais n'avait-il accepté le traité qu'avec une profonde douleur. C'était au point que, quand les préliminaires en avaient été soumis au parlement, Fox, qui pendant toutes les hostilités n'avait cessé d'appeler la paix de tous ses vœux et de toute la puissance de son ardente parole, avait cru devoir protester contre cette convention avec une véhémence qui avait entraîné la retraite du cabinet. A quelques semaines de là, la nouvelle administration n'avait pas moins donné sa signature, convaincue que l'Angleterre était trop épuisée pour être en état de prolonger davantage ses sacrifices; mais, comme le pays tout entier, ce n'était qu'à son corps défendant qu'elle souscrivait au traité, et avec l'arrière-pensée de saisir la première occasion de réparer cette atteinte portée à la réputation et aux intérêts du pays.

Nous n'avions pas naturellement les mêmes motifs de nous plaindre du traité et d'en souhaiter l'abrogation. Il ne nous apportait pas sans doute tous les fruits que nous pouvions espérer de tant de sacrifices et de tant de succès; mais il effaçait en partie les humiliants souvenirs de la guerre de Sept ans, et cette satisfaction morale nous faisait facilement oublier les dédommagements matériels que nous n'avions pas obtenus. A ce moment, d'autres sujets de préoccupation s'imposaient d'ailleurs à l'opinion publique. Si cette guerre d'Amérique nous laissait couverts de gloire, elle nous laissait, hélas! couverts de dettes, et nos finances, déjà si compromises au commencement de la lutte, se trouvaient, à la fin de la guerre, dans les conditions les plus lamentables. C'était M. de Calonne qui les dirigeait en qualité de contrôleur général, et toutes les combinaisons de cet esprit aventureux et léger n'avaient eu d'autre effet que d'accroître chaque jour le déficit, et de nous pousser vers une banqueroute que tout semblait rendre inévitable. Après avoir commencé par déclarer brusquement que l'État avait à sa disposition toutes les ressources qui lui étaient nécessaires, il se voyait obligé de reconnaître qu'il n'y avait de salut pour les finances et pour l'État que dans les réformes les plus radicales, et, le 20 août 1786, il présentait en secret à Louis XVI un projet qui n'était autre chose que la refonte complète de l'administration politique et financière du royaume. Ce plan, formé de lambeaux de réformes empruntés à Turgot et à Necker, voire même à Vauban et à Colbert, consistait en partie dans la suppression complète des priviléges en matière d'impôts. Aux yeux de M. de Calonne, il n'y avait que ce remède héroïque qui pût sauver le royaume; mais il devait le sauver infailliblement, si le roi voulait bien prêter au ministre son concours pour l'appliquer, et si l'on pouvait obtenir qu'aucun embarras ne surgît soit à l'intérieur, soit à l'extérieur, surtout du côté de l'Angleterre, dont la moindre démonstration hostile pourrait rendre toute réforme impossible, par les inquiétudes qu'elle sèmerait dans l'opinion et par les nouveaux sacrifices qu'elle imposerait à nos finances.

Par quels moyens, cependant, attacher au maintien de cette paix, dont la France avait un besoin si pressant, ce gouvernement anglais, que le traité de Versailles avait si cruellement ulcéré? Ce fut là le sujet de nombreuses conférences entre le contrôleur général des finances et le ministre des affaires étrangères, M. de Vergennes. Chargé depuis plusieurs années déjà de la direction des relations extérieures, M. de Vergennes, qui unissait ainsi une longue expérience des affaires aux qualités d'un esprit naturellement sagace et délié, connaissait à fond depuis longtemps non-seulement le jeu des institutions et des partis politiques de l'Angleterre, mais la nature des intérêts qui ont le privilége de passionner plus particulièrement ce pays. Ces intérêts, qui, du reste, sont encore de nos jours le principal mobile de la politique intérieure et étrangère de cette grande nation, étaient les intérêts économiques, ceux du commerce et de l'industrie. Maintenir la production industrielle, l'accroître même incessamment en lui ouvrant par des conquêtes pacifiques ou violentes des débouchés toujours nouveaux : voilà quel est de nos jours, voilà quel était à la fin du xviiie siècle le grand mobile de la politique anglaise. Il y a un siècle, ces questions primaient déjà toutes les autres, et c'était presque toujours sur des questions de tarifs que se livraient ces grandes batailles parlementaires qui chez nous ne s'engagent guère qu'à propos des questions de principes, ou de la direction générale des affaires publiques. Dans cette attention presque exclusive donnée chez nos voisins aux choses de l'ordre économique, il faut reconnaître sans doute le signe distinctif de certaines aptitudes de race; mais il faut y reconnaître aussi la marque bien frappante de l'influence considérable de la classe qui représente ces grands intérêts commerciaux et industriels. Comme cette classe, qui dispose de la plupart des siéges de la chambre des communes, se trouve de la sorte assez forte pour donner ou pour ôter le pouvoir, elle oblige par là même tous les hommes d'État à tenir constamment leurs yeux fixés sur les intérêts qui la préoccupent, et, je le répète, ce qui se passe de nos jours se passait exactement de même à la fin du xviii° siècle. Cette prédominance des intérêts économiques était même le principal motif qui avait fait accueillir avec un si profond chagrin l'acte d'indépendance des États-Unis. Ce n'était pas seulement un territoire considérable qui s'était détaché de l'empire britannique; c'était un vaste débouché qui s'était fermé brusquement aux produits de l'Angleterre, et la création de nouveaux marchés extérieurs était seule capable d'apaiser ce ressentiment et de fermer cette profonde blessure.

Cette préoccupation de l'Angleterre de prendre ainsi les intérêts matériels pour les régulateurs de sa politique n'avait pas échappé, nous l'avons fait remarquer, à l'attention de M. de Vergennes, qui, dans les négociations du traité de Versailles, s'en était même fort habilement inspiré, pour obtenir que le traité fût signé à peu près tel qu'il le présentait. A la demande des négociateurs anglais, il avait laissé insérer dans les préliminaires : « qu'il serait fait de nouveaux arrangements de commerce sur le fondement de la réciprocité et des convenances mutuelles. » Trois années s'étaient écoulées depuis que cette promesse avait été échangée, et, bien que rappelée à différentes reprises à la mémoire de M. de Vergennes par l'ambassadeur anglais, elle était demeurée à l'état de lettre morte. Ce n'est pas que le ministre fût contraire à un traité de commerce destiné à permettre, sous de certaines conditions, aux deux pays d'échanger leurs produits. Il est même certain que M. de Vergennes était partisan des idées de Dupont de Nemours, son ami, qui condamnait énergiquement le système prohibitif, et qu'en théorie il lui semblait excessif d'obliger chaque pays à se renfermer dans ses frontières pour n'y consommer d'autres produits que ceux de sa culture et de son industrie. Mais, soit qu'il redoutât d'apporter par la réduction des tarifs, qui étaient l'une des sources importantes du revenu public, une perturbation trop grave dans un état financier déjà si embarrassé; soit qu'il pensât que nous n'étions pas suffisamment préparés à affronter la concurrence de l'Angleterre, il ne s'était pas pressé, je le répète, d'accomplir la promesse de 1783. Les instances de M. de Calonne, qui pensait que rien n'était plus urgent que d'attacher les intérêts anglais à la conservation de la paix, avaient fini par le convaincre, et, à la grande satisfaction du cabinet de Versailles et du gouvernement britannique, des négociations furent entreprises au commencement de 1786 pour la conclusion d'un traité de commerce.

Deux hommes compétents en ces matières, M. Gérard de Rayneval pour la France, et M. William Eden pour l'Angleterre, furent chargés de discuter les conditions et de poser les bases du traité. Est-il vrai que le ministère français ait demandé à ce sujet des renseignements et des avis aux chambres de commerce et aux principaux négociants et manufacturiers du royaume? Le savant auteur de l'Histoire de la diplomatie française, M. de Flassan, l'a nettement affirmé; mais cette assertion se trouve formellement contredite dans un mémoire de la chambre de commerce de Normandie et dans divers cahiers des bailliages de 1789, qui affirment que les préliminaires du traité furent chez nous discutés et préparés à huis clos. Le mémoire de la chambre de commerce de Normandie ajoute avec amertume qu'il n'en avait pas été de même en Angleterre, et que M. William Eden avait reçu de son gouvernement l'ordre de solliciter tout d'abord le concours et les lumières de toutes les compagnies commerciales et de tous les grands manufacturiers du Royaume-Uni. Nous n'hésitons pas à penser que cette assertion est la vraie. Outre qu'elle est nettement exprimée dans le mémoire, elle correspond intimement à la nature des motifs qui avaient déterminé le cabinet de Versailles à conclure un traité de commerce. Ce que voulait l'Angleterre, c'était l'ouverture d'un nouveau débouché; c'était une compensation donnée à ces intérêts économiques, que la guerre d'Amérique avait affectés de la manière la plus grave. Le but du gouvernement de Louis XVI était différent : ce qu'il voulait, c'était bien moins la satisfaction des intérêts de cet ordre, qu'un gage donné à la paix, que la satisfaction d'un intérêt politique. On voulait en Angleterre le traité de commerce pour le commerce lui-même; on le voulait en France pour le maintien de la paix européenne. Nous insistons sur cette différence essentielle, parce qu'elle nous servira plus tard à comprendre comment nous pûmes consentir à des concessions qui, dans l'état où se trouvait alors notre industrie nationale, n'apportèrent pas précisément leurs compensations avec elles.

II

Ce fut le 26 septembre 1786 que les négociateurs apposèrent leurs signatures au traité, « conclu, disait le préambule, pour l'avantage réciproque de l'industrie des deux pays, et pour la suppression de la contrebande, qui, des deux côtés du détroit, portait aux revenus de l'État le plus grave préjudice. » Les premiers articles contenaient quelques stipulations générales qui méritent bien d'être remarquées. En cas de guerre entre les deux nations, les négociants étaient autorisés à demeurer librement dans les États respectifs, ou tout au moins à y séjourner pendant une année pour l'arrangement de leurs affaires. Les lettres de représailles, ces restes odieux de la guerre privée du moyen âge appliquée aux rapports internationaux, étaient abolies. L'Angleterre renonçait à ses vieilles prétentions contre le droit des neutres, et reconnaissait que le pavillon protége les marchandises qui ne sont pas contrebande de guerre, et en particulier les objets propres à la construction et au gréement des navires, qui cessaient de compter au nombre des objets prohibés. C'était là, nous le répétons, une innovation digne de remarque, qui reproduisait et sanctionnait les vœux bien souvent émis par la France au nom de cette liberté des mers si souvent réclamée, et toujours refusée si obstinément par les prétentions exclusives de l'Angleterre.

Le traité s'occupait ensuite des droits à percevoir sur les produits agricoles ou manufacturiers des deux pays. La plupart de ces droits avaient été assez élevés jusque-là pour équivaloir à une prohibition absolue, et c'est ainsi qu'à l'entrée du Royaume-Uni nos vins, nos eaux-de-vie, nos vinaigres et nos huiles acquittaient un droit double de celui qui frappait les produits similaires venant de l'Italie ou du Portugal. Il est convenu à cet égard : 1° que nos vins seront assimilés pour les tarifs à ceux du Portugal, et nos huiles à celles des nations les plus favorisées; 2° que le droit sur les vinaigres sera réduit de plus de moitié; 3° que les droits sur les eaux-de-vie descendront de 9 schellings 6 sols par gallon à 7 schellings. Comme l'Angleterre recevait et n'exportait pas les produits de cette nature, le négociateur anglais avait présenté ces clauses du traité comme un avantage considérable accordé à la France, et il s'en était servi fort habilement pour obtenir les plus larges concessions en ce qui concernait les produits de l'industrie britannique. S'il avait consenti à ne frapper que d'un droit de 12 pour 100 les glaces, les objets de luxe et quelques autres de ces produits élégants et délicats dans lesquels notre industrie était déjà sans rivale, il avait fait admettre en échange dans le traité un dégrèvement considérable des tarifs sur les produits les plus importants de l'industrie de son pays. Les droits sur les objets de sellerie étaient abaissés à 15 pour 100; ceux qui frappaient les étoffes de coton et de laine, la faïence et la poterie, descendaient à 12 pour 100, et à 10 pour 100 ceux qui pesaient sur la quincaillerie, c'est-à-dire sur la coutellerie, les aciers, les fers et les cuivres ouvrés. Des produits essentiels de la fabrication anglaise, il n'y en avait de la sorte plus un seul qui fût interdit en France, ce qui n'était pas précisément le traitement fait par nos voisins à notre industrie, attendu qu'une de ses branches les plus importantes, les étoffes de soie ou mêlées de soie, restait frappée en Angleterre d'une prohibition absolue. Ce n'est pas que le négociateur français n'eût instamment demandé que les produits de cette brillante industrie fussent compris dans les objets d'échange entre les deux pays; mais le négociateur anglais avait refusé formellement d'y adhérer, cette prohibition n'étant, disait-il, que la juste balance du bénéfice que la France devait réaliser par l'exportation de ses vins. Ce qui résultait en tous cas de cette disposition, c'est que, tandis que le marché français s'ouvrait à deux battants devant les produits de l'Angleterre, le marché de l'Angleterre ne faisait guère que s'entre-bâiller, si je puis dire, devant les produits de la France.

Sans doute, dans les stipulations de cette nature il est bien difficile, sinon impossible, que la balance soit si bien équilibrée que les avantages et les inconvénients se compensent avec une précision mathématique, et l'expérience était peut-être seule capable de montrer lequel des deux pays avait obtenu plus que l'autre. Des deux côtés du détroit l'impatience de l'opinion ne voulut pas cependant attendre cette expérience pour se prononcer, et, quand le traité fut soumis au parlement anglais pour être ratifié, l'opposition fit entendre les protestations les plus véhémentes. Les intérêts de l'Angleterre étaient indignement sacrifiés aux intérêts de la France, et dans la personne de M. William Eden le ministère avait été le jouet de la perfide habileté du cabinet de Versailles! William Pitt était alors le chef du ministère. Ce nom de William Pitt est un nom qui, pendant bien longtemps, n'a été prononcé dans ce pays qu'avec ressentiment et avec colère, mais qui, à la distance où nous sommes de ces orages de la révolution française, auxquels il fut si souvent mêlé, ne doit plus éveiller qu'un sentiment de respect, comme le nom de tous les hommes qui dans des circonstances difficiles ont su mettre au service de leur pays de grands talents et un grand caractère. C'était à lui que l'opposition, représentée par Fox, par Burke et par lord Grey, faisait remonter la responsabilité de ce traité, qu'ils appelaient une concession antinationale faite à un pays dont l'Angleterre devait toujours se défier, et le ministre eut à subir à ce sujet les récriminations les plus virulentes. W. Pitt porta dans la défense l'ardeur que ses adversaires déployaient dans l'attaque, et il aborda à ce sujet des considérations qui méritent bien d'être remarquées, ne fût-ce que comme le témoignage de l'opinion que l'on se faisait en Angleterre de nos aptitudes et de notre rôle économiques. Aux yeux de W. Pitt, l'Angleterre et la France repré-

sentaient deux vocations essentiellement opposées : la vocation
industrielle et la vocation agricole. Par la nature de son sol et de
son climat, la France est une nation essentiellement vouée à la
culture de la terre, et c'est dans les productions agricoles qu'elle
doit chercher sa principale richesse. Moins favorisée sous le rapport du climat et du sol, l'Angleterre doit détourner ailleurs son
activité; elle doit avoir principalement en vue la création des
richesses industrielles, par le développement incessant des produits manufacturés. Les aptitudes et les conditions des deux pays
étant aussi différentes, il n'y a pas de motif pour qu'ils vivent,
au point de vue économique, dans un état de jalousie et d'an-
tagonisme; leur intérêt est au contraire de se rapprocher, pour se
compléter en quelque sorte par l'échange des produits qui leur
manquent mutuellement. « Sans doute, continuait William Pitt,
ce traité procurera des avantages à la France; mais il serait
ridicule de croire que les Français voudraient nous faire des concessions sans aucune pensée de retour. Toutefois, je n'hésite pas
à exprimer nettement mon opinion, même en face de la France,
et tandis que l'affaire est encore pendante : je crois que, quoique
avantageux à la France, ce traité le sera bien plus à notre pays.
La France gagne pour ses vins et d'autres produits un grand
et riche marché; nous faisons un bénéfice analogue et sur une
échelle bien plus vaste. La France acquiert un marché de huit
millions d'âmes; nous, un marché de vingt-quatre millions; la
France, pour des produits à la préparation desquels concourent
un petit nombre de mains, qui encouragent peu la naviga-
tion et ne rapportent pas grand'chose aux revenus de l'État;
nous, pour nos manufactures, qui occupent des centaines de milliers d'hommes; qui, par les matières premières qu'elles tirent
de toutes les parties du monde, agrandissent notre puissance
maritime, et, par leurs transformations successives, donnent à
l'État des ressources considérables. La France ne gagnera pas
au traité un accroissement de revenus de 100,000 livres sterling;
l'Angleterre, il est aisé de le prouver, y gagnera infailliblement
dix fois plus... Il est dans la nature essentielle d'un arrangement conclu entre un pays manufacturier et un pays doté de

productions spéciales, que l'avantage soit toujours en faveur du premier. »

Aux yeux du ministre, le traité était donc essentiellement favorable à l'Angleterre, et si l'opposition le blâmait, ce n'était pas par des motifs plausibles, c'était uniquement par esprit de parti. W. Pitt aurait pu se prévaloir encore des protestations que la convention soulevait en France, et qui étaient beaucoup plus vives que celles qu'elle avait excitées en Angleterre. Nous avons remarquer que les chambres de commerce et les manufacturiers, dont les lumières auraient pu être utilement consultées, n'avaient rien su des négociations, et qu'ils n'avaient connu le traité qu'après qu'il avait été signé. La nouvelle n'en fut pas plus tôt publiée, qu'elle jeta dans le pays un étonnement extrême et une émotion des plus profondes. Dans les provinces qui produisaient les marchandises telles que les vins, les eaux-de-vie et les huiles, dont le traité facilitait l'importation en Angleterre, l'allégresse fut égale à la surprise, et, sans songer à se demander si l'abaissement des droits inscrits dans le traité suffirait pour leur assurer l'exportation qu'ils désiraient, les grands propriétaires et les chambres de commerce s'empressèrent de transmettre au gouvernement l'expression ardente de leur reconnaissance. Mais les courriers ne déposaient pas sur le bureau des ministres rien que des adresses de cette nature; ils en apportaient des pays manufacturiers qui n'étaient pas précisément remplies de ces remercîments et de ces sentiments de gratitude. A la première nouvelle du traité, la chambre de commerce de Normandie, qui siégeait à Rouen, n'avait pas hésité, par exemple, à faire parvenir à Versailles les protestations les plus vives; elle avait fait plus, elle avait délégué deux de ses membres les plus intelligents pour visiter en toute hâte les principaux centres manufacturiers du Royaume-Uni, et chercher à savoir ce qu'il fallait attendre dans l'avenir d'un traité qui obligeait si brusquement l'industrie française à lutter avec celle de l'Angleterre. Poursuivie par des hommes intelligents, doués de connaissances spéciales, et que la pratique des affaires et leur propre intérêt portaient à voir vite et à voir bien, cette enquête faisait, à quelques mois de là, l'objet d'un rapport fort étendu, adressé à la chambre de commerce de Normandie. Les détails dans lesquels entrait ce rapport et les conclusions qui le terminaient confirmaient toutes les appréhensions qui s'étaient élevées dans la province à la première nouvelle du traité. Les délégués avaient visité tous les grands centres manufacturiers; ils avaient étudié de près toutes les industries, et voici quels étaient les résultats de leurs observations : Ce qui les avait frappés tout d'abord, c'était la profonde différence qui séparait le régime et la législation économiques des deux pays. En France, l'industrie était assujettie à une réglementation minutieuse, à des inspections et à des contrôles qui multipliaient comme à plaisir les difficultés et les entraves; en Angleterre, elle jouissait d'une entière liberté. En France, le commerce et l'industrie supportaient sous différents noms des charges multiples, qui faisaient passer dans les mains du fisc une partie considérable de leurs bénéfices; le fisc anglais n'avait pas cette âpreté, et, loin de peser de cette sorte sur les classes vouées à l'industrie et au commerce, il laissait le gouvernement prendre toutes les mesures capables de servir et de développer leurs intérêts. Aussi, tandis qu'en France les capitaux dédaignaient de se porter de ce côté, ils s'y portaient avec empressement en Angleterre; ce qui permettait de spéculer sur une plus vaste échelle, d'occuper plus constamment les ouvriers, et d'empêcher ces chômages qui suspendaient si fréquemment le travail dans nos manufactures et fermaient si brusquement nos ateliers.

A ces considérations générales, les commissaires en ajoutent d'autres, relatives aux procédés de fabrication en usage dans les deux pays. En ce qui concerne l'industrie de la laine, ils déclarent que les manufactures anglaises sont placées dans des conditions à dédaigner, à écraser même toute concurrence. C'est que l'Angleterre possède en abondance la matière première : elle a de magnifiques troupeaux, qui fournissent des laines d'une richesse et d'une qualité qui défient toute comparaison avec nos produits similaires. Les commissaires n'évaluent pas pour les trois royaumes le nombre des moutons à moins de trente millions, et ils ajoutent que les soins dont ces troupeaux sont l'objet donnent à leur laine une longueur et une souplesse qui laissent bien en arrière nos meilleures laines de France. Nous pourrions arriver sans doute à produire les mêmes qualités; mais il faudrait pour cela que notre agriculture transformât ses procédés, qu'elle donnât plus d'attention aux croisements, et qu'elle multipliât, à l'exemple de l'Angleterre, les prairies artificielles; ce qui ne pourrait d'ailleurs se réaliser avant de longues années. Jusque-là, il ne nous serait possible de lutter à armes égales qu'en demandant une partie de nos matières premières à l'Angleterre, et il se trouve que, dans cette prévision, les négociateurs anglais ont justement interdit, par un des articles du traité de commerce, l'exportation des laines anglaises pour la France!

En ce qui concerne les étoffes de coton, les craintes des commissaires ne sont pas moins vives. Ce n'est pas qu'ils regardent comme impossible d'avoir la matière première en aussi grande abondance et au même prix que les manufacturiers anglais; mais nos voisins ont à leur service des instruments de fabrication qui leur assurent une supériorité vraiment écrasante. Pendant que nous tissons à la main, ils tissent à la mécanique, et dans tous les districts manufacturiers les rouets à main ont été remplacés par une admirable découverte, celle des machines à filer, qui procurent sur la main-d'œuvre une économie considérable. Ils s'aident encore pour cette industrie de la *pompe à feu*, comme disent les commissaires, c'est-à-dire de la machine à vapeur, qui, tout récemment inventée, commençait à recevoir, entre les mains habiles de nos voisins, des applications qui allaient bientôt montrer que, semblable au levier d'Archimède, la nouvelle découverte était une force capable de soulever le monde. De l'avis des commissaires, l'emploi de ces machines rend toute concurrence impossible de notre côté. On aurait pu, il est vrai, s'approprier ce mode de fabrication; mais quoiqu'il fût en usage chez nos voisins depuis déjà quelques années, on n'avait même pas songé à leur faire cet emprunt. La routine avait objecté l'intérêt des ouvriers, que la réduction de la main-d'œuvre atteindrait de la manière la plus grave, et pendant que ces machines à vapeur fumaient et battaient presque partout en Angleterre, il se trouvait que nous n'en connaissions qu'une seule, déposée à Paris dans la collection des appa-

reils, où elle n'était que l'objet d'une curiosité purement théorique.
Du reste, l'usage de ces machines ne pourrait égaliser entre nos
voisins et nous les chances de la lutte, à cause de la différence
considérable qui existe dans les prix de la houille en France
et en Angleterre. Un tonneau de charbon de 2,000 livres, qui
ne coûte, à Manchester, que 9 schellings, ou 11 livres 5 sols, revient, à Rouen, au prix de 47 à 50 livres : ce qui rendrait encore
la concurrence impossible, même avec l'emploi des machines.
Ce bas prix du combustible assure également aux faïences et aux
porcelaines anglaises d'incontestables avantages. Il permet aux fa-
bricants de produire à 25 pour 100 au-dessous des prix de nos manufacturiers, dont les marchandises ne sont protégées que par un
simple droit de 12 pour 100. Et l'industrie métallurgique n'est pas
placée dans des conditions plus favorables. Là encore les procédés des manufacturiers anglais sont tellement supérieurs, qu'ils
peuvent fabriquer avec une rapidité et une économie que nous ne
pouvons songer à atteindre. Il faudrait pour cela une refonte complète de notre outillage; mais une telle transformation ne peut
s'opérer qu'avec une extrême lenteur et au prix de sacrifices considérables, de telle sorte que, sous ce rapport comme sous les
autres, nous sommes destinés à rester longtemps encore à la dis-
crétion de nos rivaux.

Les remarques de différente nature que les commissaires ont
pu faire pendant cette exploration de plusieurs mois en Angleterre
les autorisent aussi à donner leur avis sur cette thèse des vocations
agricole et industrielle, sur laquelle W. Pitt s'était si longuement
étendu dans les discussions du parlement. Cette thèse, qui, nous
l'avons vu, signifiait que la France était aussi supérieure en productions et en richesses agricoles que l'Angleterre nous dépassait
en richesses industrielles, ce qui avait permis au ministre d'affir-
mer qu'aucun des deux pays ne ferait de sacrifice sans compensation, — cette thèse est aux yeux des commissaires l'erreur la plus
insigne qu'il fût possible de commettre. A leur sens, l'Angleterre
nous était aussi supérieure en agriculture qu'en industrie, et ils
n'en veulent pour exemple que le nombre et la supériorité incon-
testable de leurs troupeaux. C'était du reste l'opinion que consi-

gnail, à la même époque, sur ses carnets de voyage, le célèbre agronome anglais Arthur Young, qui nous a laissé de si curieux récits de ses explorations économiques et politiques à travers la France de 1787 à 1789, c'est-à-dire au moment de ce grand travail de fermentation politique et sociale d'où la Révolution était sur le point de jaillir. Arthur Young, qui avait entendu vanter bien souvent, dans son pays, l'agriculture française, et qui avait peut-être assisté au fameux exposé de la vocation agricole que, au dire de William Pitt, la nature nous avait spécialement départie, Arthur Young ne peut se lasser d'exprimer l'étonnement que lui cause la vue de l'état réel. Il a visité lentement et curieusement la Normandie, et sur plusieurs points de ce pays, dont il s'était figuré l'agriculture si développée, il n'a trouvé qu'un spectacle d'abandon et presque de détresse. « Eu égard à la fertilité du sol, qui est grande, dit-il, je n'ai pas vu de pays plus mal cultivé que la Picardie et la Normandie. Les immenses fabriques d'Abbeville et d'Amiens n'ont pas fait enclore un seul champ, ni banni la jachère d'un seul acre. Voulez-vous voir un désert : allez à Elbeuf, à Rouen. Le pays de Caux, doué du meilleur sol du monde, ne présente que de mauvaises herbes, de la saleté et de la misère, un sol si outrageusement traité que, sans sa richesse extraordinaire, il serait épuisé depuis longtemps. » Il en est ainsi dans la basse Normandie : les routes carrossables manquent presque partout, ce qui oblige à voyager presque constamment à cheval, et c'est à cheval, en effet, par des chemins défoncés et mal entretenus, qu'Arthur Young accomplit cette tournée d'exploration, qui est pour lui la source d'un désenchantement continuel. Aussi les rapprochements qu'il établit fréquemment entre les procédés de l'agriculture des deux pays sont loin, on peut le croire, de tourner à notre avantage. C'est aussi l'opinion de nos commissaires, qui paraissent regarder la fameuse théorie des compensations de W. Pitt comme un leurre et même comme une véritable ironie. Il n'y a guère qu'une culture qui puisse nous assurer un certain avantage agricole, c'est la culture de la vigne ; encore ce qu'ils entrevoient des habitudes de nos voisins leur fait-il craindre que nous n'ayons à subir d'assez nombreux mécomptes de ce côté. les goûts et les usages des Anglais ne paraissant pas sympathiser étroitement avec la qualité de nos produits.

III

Tel est l'esprit des observations que les délégués de la chambre de commerce de Normandie avaient cru devoir consigner dans leur rapport, et l'on voit par là que, si le traité avait soulevé de vives protestations au sein du parlement anglais, il n'avait pas causé chez nous de moindres alarmes. Dans cet échange de récriminations et de plaintes, l'un des deux pays avait naturellement des motifs de crainte plus légitimes que l'autre. Était-ce la France? Était-ce l'Angleterre? Nous nous sommes borné jusqu'ici à exprimer les inquiétudes ressenties dans les deux pays à la nouvelle du traité, sans nous prononcer à cet égard, attendant, pour le faire, que l'expérience ait été commencée, c'est-à-dire que la convention ait produit quelques résultats. Le traité est entré en vigueur avec l'année 1787, et dix-huit mois plus tard, c'est-à-dire au milieu de 1788, on peut déjà en apprécier les premiers effets. L'expérience avait-elle ou non confirmé les appréhensions des commissaires normands? Après avoir fait prendre en Angleterre les renseignements dont nous avons parlé sur les chances bonnes ou mauvaises que le traité pouvait offrir à l'industrie de la province, la chambre de commerce de Normandie avait désiré connaître avec toute l'exactitude possible le résultat des premières expériences, et elle avait prié à cet effet l'un des commissaires de l'enquête en Angleterre de parcourir et de visiter tous les centres industriels de la province. La visite eut lieu au commencement de 1788, et des renseignements qu'elle apporta à la chambre de commerce il résultait que les appréhensions si graves qui avaient été conçues étaient presque dépassées par la réalité. Le délégué avait parcouru avec le plus grand soin tous les centres manufacturiers un peu importants des trois généralités de la province, et il avait acquis partout la conviction désolante que le traité infligeait à l'industrie française des sacrifices sans compensation. Dans l'espace de quinze mois, les cotonnades anglaises s'étaient presque complétement emparées des marchés de la province, et le débit en était immense: « ce qui s'explique, dit le mémoire de la chambre de commerce, composé en grande partie des extraits et des citations de ce rapport, ce qui s'explique par la perfection des apprêts et le mérite de la filature, réunis au bon marché de ces étoffes. » Même envahissement, même confiscation du marché français par les étoffes de laine de l'Angleterre, et « c'est un avantage, continue le mémoire, qui sera permanent, attendu qu'il est fondé sur la supériorité de la matière première aussi bien que sur l'économie de la main-d'œuvre. » On a pu croire quelque temps qu'en échange de ces étoffes de laine, plus solides et plus épaisses que les nôtres, le marché anglais aurait demandé à nos fabriques ces draps plus fins et plus souples qui avaient assuré aux manufactures de Louviers une si grande renommée ; mais il est clair maintenant que nous n'écoulerons que bien peu de ces produits, les Anglais préférant les étoffes solides et de couleur sombre à celles que nous fabriquons. Il en est de même des casimirs des Andelys, qu'on s'était flatté d'exporter en Angleterre, et qui rencontrent au contraire sur nos marchés une telle concurrence de la part des casimirs anglais, que les magasins de Paris et des autres villes du royaume « regorgent de ces marchandises, qui sont du reste à bien meilleur marché que les nôtres. » Aussi le commissaire a-t-il constaté que l'inquiétude règne dans tous les ateliers qui tissent la laine, dans la basse Normandie comme dans la haute. Bernay se désole; Lisieux, dont la fabrication ne cessait de se développer depuis vingt-cinq ans, et qui se promettait une prospérité encore plus grande, est dans la consternation; Caen, dont les manufactures languissent depuis plusieurs années déjà, et qui voit ses dentelles de soie proscrites du marché anglais, alors que les gazes de fabrication anglaise se vendent librement sur les nôtres, Caen fait entendre les mêmes plaintes, et, dans le Bocage, telle est l'appréhension que causent les premiers effets de la concurrence, qu'une foule de métiers ont déjà cessé de battre, au point que toute cette contrée est en proie à la plus profonde misère! Les fabriques de Valogne et de Cherbourg s'étaient flattées de l'espoir d'échapper à ces épreuves, en continuant de profiter du *droit de licence* accordé aux îles anglo-normandes par la métropole, et qui faisait de ces îles un entrepôt vers lequel les pays voisins pouvaient diriger leurs produits; mais ce *droit de licence* vient d'être supprimé, et les fabriques de Valogne et de Cherbourg, dont la production annuelle était déjà tombée du chiffre de 4,000 pièces de drap au chiffre de 400, s'attendent à voir décroître et même s'évanouir le peu d'activité qui leur reste.

Si du moins nos métiers avaient pu modifier leur production, en fabriquant pour l'exportation en Angleterre des étoffes mixtes, moitié laine et moitié soie, sur lesquelles le goût français eût pu mettre son empreinte! Mais nos voisins avaient prévu cette transformation probable, et ils avaient eu soin de la rendre impossible : « La province, dit à ce propos le mémoire, dont nous voulons citer ce passage pour montrer avec quelle aisance de plume il a été rédigé, la province aurait pu se dédommager par la fabrication d'étoffes mélangées de soie, si nos rivaux, qui ne perdent jamais de vue les intérêts de leur commerce, n'en eussent pas exigé la proscription. Indépendamment de ce que la soie leur revient à plus haut prix qu'à nous, ils ont appréhendé de ne pouvoir lutter avec avantage contre notre goût créateur, qui chaque jour renouvelle l'agrément des formes; ils ont craint que nos importations en ce genre ne fissent naître chez eux une passion pour nos étoffes contre laquelle ils ont toujours été en garde, tandis que nous nous abandonnons à celle de préférer tout ce qui vient de chez eux. Nous regrettons cette proscription, non-seulement pour les grandes manufactures de Lyon, de Tours et de Nîmes, mais même pour celles de passementerie de Rouen, qui sans doute auraient eu un ample débouché, malgré le dédain du patriotisme anglais pour nos modes et nos usages : l'élégance de nos parures eût insensiblement triomphé de la résistance nationale, si le gouvernement anglais n'en eût pas prévu l'ascendant. »

Aux yeux des rédacteurs du mémoire, le traité de commerce n'a pas seulement porté un coup fatal à l'industrie des tissus; il a frappé aussi gravement celle des faïences et porcelaines, et celle des métaux. « Personne n'ignore, disent-ils, que, depuis la conclusion du traité, le port de Rouen n'a cessé d'être encombré de faïences anglaises, qui, revenant à 25 pour 100 meilleur marché que les nôtres, se vendent naturellement beaucoup moins cher, et il n'est pas douteux que ce qui se passe à Rouen ne se passe également dans les autres ports. Notre industrie métallurgique ne subit pas de moindres épreuves. Nos forges du comté d'Évreux donnent sans doute un fer excellent, et qui peut entrer en comparaison avec les fers anglais les meilleurs; mais leur outillage, qui est extrêmement imparfait, ne leur permet pas de fournir à l'industrie ces pièces si compliquées et si délicates dont elle a un besoin chaque jour plus grand, à cause de la multiplication des moteurs perfectionnés. Les fonderies de cuivre de Romilly, qui sont bien au premier rang des établissements métallurgiques de la province, n'ont pas moins à souffrir de la réduction considérable des droits d'entrée sur les cuivres anglais. En temps de paix, c'est là, pour l'intérêt public comme pour l'intérêt privé, un énorme préjudice; mais ce préjudice deviendrait irréparable dans le cas d'une guerre avec l'Angleterre, attendu que les ateliers de Romilly sont surtout affectés aux fournitures de la marine royale, et que, s'ils étaient obligés d'éteindre leurs fourneaux, on ne saurait où trouver les cuivres propres à nos constructions navales. Cela est si bien compris en Angleterre, ajoute le mémoire, que, depuis que ces fonderies ont été établies, il n'y a pas d'efforts que les compagnies anglaises n'aient tentés pour les faire disparaître. Elles ont lutté jusqu'ici avec succès; mais les premiers résultats du traité de commerce donnent à craindre que cette branche si considérable de l'industrie locale ne soit aussi gravement menacée que les autres. »

Après avoir esquissé ce tableau des désastres que le traité a déjà infligés ou qu'il réserve aux industries de la province, le mémoire croit devoir démontrer qu'aucune compensation ne vient alléger le poids de ces pertes, et que c'est une erreur des plus graves d'avoir cru que l'exportation des produits agricoles rétablirait à notre avantage la balance, déplacée par l'importation des produits manufacturés. Le principal de ces produits était celui de la vigne, et nos rédacteurs croient savoir que la consommation de nos vins n'a augmenté et n'augmentera en Angleterre que dans une proportion presque insignifiante. Pourquoi cela? C'est que nos vins ne sont pas de ceux que les Anglais recherchent et consomment avec plaisir. Accoutumés aux vins de Porto et de Madère, ils les préfèrent à ceux de Bordeaux et de Bourgogne, parce qu'ils aiment avant tout les liqueurs fortes et spiritueuses. Les droits d'importation sont d'ailleurs restés assez élevés pour que la masse de la population ne puisse même essayer de faire usage de ces vins. Il n'y a donc pas à songer à faire une concurrence sérieuse aux produits de l'Espagne et du Portugal, et, de ce côté encore, les assertions contraires des négociateurs anglais n'ont été qu'un leurre et une illusion.

On voit par ces détails que ce n'était pas seulement des objections que l'industrie normande élevait à l'encontre du traité de commerce, mais qu'elle poussait contre lui un véritable cri de détresse et d'alarme. Ces plaintes si vives étaient-elles justifiées? On a dit qu'il n'y a rien de brutal comme un fait : les chiffres ont la même brutalité, et quelques chiffres puisés aux sources officielles peuvent nous renseigner avec précision sur la légitimité de ces doléances. Arthur Young a relevé en Angleterre et en France l'évaluation aussi exacte que possible des échanges des deux pays pendant l'année 1788, et nous voyons que pendant cette année l'exportation de l'Angleterre pour la France a été de 63,327,600 livres, tandis que l'exportation de la France pour l'Angleterre n'a été que de 33,847,170 livres. L'Angleterre envoyait donc à la France une fois plus de marchandises qu'elle n'en recevait, et l'on voit que l'équilibre de la balance était singulièrement troublé à notre détriment. Dans le chiffre des exportations anglaises, les objets manufacturés, tels que les étoffes, les porcelaines et les métaux ouvrés, figuraient pour plus de 19 millions, et ceux que nous exportions en Angleterre pour 4,780,000 francs seulement. L'industrie anglaise proprement dite nous envoyait ainsi presque cinq fois la valeur des produits manufacturés que nous adressions à ses marchés. Quant à l'échange des produits agricoles, il ne nous était pas non plus avantageux. En comestibles, c'est-à-dire en viandes et en grains, nous recevions pour environ 10 millions de produits, et nous n'en écoulions que pour un peu plus de 2 millions; et si nous exportions pour un peu plus de 13 millions de vins et d'eaux-de-vie, l'Angleterre tirait de son sol et nous envoyait pour plus de 6 millions de houille, ce qui montre que nos produits naturels compensaient à peine la valeur de ceux que nous adressaient nos voisins. A tous les égards, la balance des échanges nous était donc aussi défavorable que William Pitt l'avait laissé pressentir au patriotisme alarmé de ses compatriotes, quand il leur avait promis que l'Angleterre retirerait du traité de commerce dix fois plus d'avantages que la France!

IV

Avec un caractère tel que le nôtre, qui sait si difficilement se tenir entre l'extrême enthousiasme et l'extrême découragement, on pourrait croire que la révélation de ces premiers résultats eût dû porter l'esprit public à s'abandonner lui-même et à déserter la lutte. Il n'en avait été rien cependant, et nous devons constater qu'il éprouva dans cette circonstance critique bien moins de découragement que de chagrin. Le mémoire de la chambre de Normandie avait déjà déclaré que, puisqu'il fallait lutter, on saurait affronter la lutte, en recommandant cependant au gouvernement de prendre de son côté quelques mesures propres à soutenir l'industrie nationale, comme la réduction et la suppression même des droits d'entrée sur les matières premières, la liberté du transit pour les marchandises destinées à l'étranger, l'élévation des droits d'exportation sur les matières destinées aux fabriques étrangères, des primes à la sortie sur les étoffes de laine fabriquées dans nos ateliers, une réduction notable des charges qui pesaient sur l'industrie et sur le commerce, et, comme mesure immédiate, des encouragements et des avances pécuniaires pour renouveler l'outillage de nos ateliers, et pour importer chez nous les nouvelles machines anglaises. On recommande également aux soins du gouvernement la recherche de nouveaux gisements houillers destinés à nous affranchir du tribut que nous payions à l'Angleterre, et l'adoption de mesures propres à améliorer et à développer la production de la laine nationale. A ces conditions, le mémoire fait entendre que l'industrie normande essayera d'affronter une lutte qu'elle n'a pas provoquée, mais qu'elle ne veut pas non plus décliner. Et c'est la conduite que tiennent, en effet, presque aussitôt un certain nombre de chefs d'industrie, qui, faisant résolûment appel à cet esprit d'initiative, qui était et qui est encore chez nos voisins l'âme de toute entreprise économique, ne veulent pas même attendre que le gouvernement ait pris les mesures qu'on lui demande, et se portent vaillamment au combat avec leurs seules ressources. Quand Arthur Young vi. de la Normandie au mois d'octobre 1788, il remarque qu'un des grands manufacturiers de Louviers, M. Decrétot, a déjà renouvelé tout son outillage, et que, pour appliquer les nouvelles machines à sa filature de coton, il a fait venir deux contre-maîtres anglais, qui ont tout organisé sur le modèle de l'Angleterre. « Près de Louviers, ajoute Arthur Young, se trouve une manufacture de plaques de cuivre pour le doublage des vaisseaux de la marine royale, et c'est encore une colonie d'Anglais. » Nous savons d'autre part que, dans les premiers mois de 1788, une machine à vapeur avait été installée à Louviers pour la fabrication des étoffes de coton. Pour lutter contre les faïences anglaises, on s'ingénie également à reproduire leurs formes et leurs couleurs, et, l'amour-propre national aidant, on se flatte de n'être pas longtemps distancé par les rivaux. Arthur Young rapporte, à ce sujet, une curieuse anecdote. A la foire de Guibray, où, par parenthèse, il trouve étalée une quantité considérable d'articles anglais, il avise une douzaine d'assiettes communes, en imitation française, bien moins bonnes, dit-il, que les anglaises, et valant de 3 à 4 livres. « Je demandai, ajoute-t-il, au marchand français si le traité de commerce ne serait pas nuisible avec une telle différence. » — « C'est précisémei t le contraire, Monsieur ; quelque mauvaise que soit cette imitation, on n'a encore rien fait d'aussi bien en France : l'année prochaine on fera mieux ; nous perfectionnerons, et enfin nous l'emporterons sur vous. » C'était une assez fière réponse ; mais le marchand qui la faisait croyait-il bien sincèrement que la lutte serait aussi facile, et l'amour-propre national ne le portait-il pas à dire un peu plus que ce qu'il pensait réellement ?

Après avoir cité la réponse de ce marchand, Arthur Young ajoute : « Je le crois bon politique : sans concurrence, aucune fabrication ne progresse. » Nous croyons avec lui que la concurrence est en effet l'âme du commerce ; mais à une condition essentielle, c'est que la lutte s'engagera et se poursuivra, comme toutes les luttes doivent s'engager et se poursuivre, avec des armes à peu près égales. C'est dans ces conditions que s'est engagée, il y a six ans, entre la France et l'Angleterre, la grande lutte industrielle qui se continue sous nos yeux, et l'on sait que, au point de vue des résultats généraux, le prodigieux développement d'échanges qu'elle a déterminé n'a causé aucun préjudice aux intérêts essentiels des deux pays. Mais de nos jours le prix des matières premières est à peu près le même sur tous les marchés; mais le travail des machines a remplacé partout l'ancien travail à la main, qui était si coûteux et si lent; mais la houille, ce pain de l'industrie, est accessible à nos manufactures à des conditions qui ne diffèrent pas sensiblement de celles qui sont imposées aux manufactures de nos voisins. À la date de 1786, les chances de la lutte étaient-elles aussi égales entre les deux pays? Notre outillage industriel était-il en état d'affronter une pareille concurrence? Avions-nous, pour le renouveler, cette abondance de capitaux qui s'offraient si spontanément aux entreprises de nos voisins, et qui ne cessaient de solliciter leur activité et leur esprit d'initiative? Notre outillage eût-il été meilleur, et les capitaux plus abondants, pouvions-nous encore soutenir la lutte, alors que les matières premières nous revenaient plus cher qu'aux manufacturiers anglais, et que nous devions acheter la houille presque cinq fois le prix qu'ils la payaient?... Conclu dans de telles conditions, le traité cessait donc d'être un compromis entre les intérêts producteurs des deux pays, pour incliner la balance et porter tous les avantages du côté de l'Angleterre.

V

Aussi, malgré les courageux efforts de quelques chefs d'industrie, que soutiennent et l'amour-propre national et la crainte des calamités que la suspension des travaux ne pouvait manquer d'infliger à la population des ateliers, quel trouble profond accompagne l'application du nouveau traité dans presque tous les centres industriels, et en particulier dans les villes manufacturières de la Normandie! On peut dire sans exagération qu'il y a bien peu d'années du XVIII° siècle qui aient été aussi néfastes pour la population industrielle de cette province que l'année 1788. La production diminuant partout par la subite invasion des produits anglais, une foule d'ateliers sont contraints de renvoyer leurs ouvriers, et des milliers de familles se trouvent ainsi réduites inopinément à une profonde misère, que la création de bureaux de charité et d'ateliers de travaux publics n'atténue que d'une manière bien insuffisante. L'hiver de 1788 à 1789 vient encore ajouter ses rigueurs à toutes ces souffrances, et les rend si insupportables, que, dans la rédaction des cahiers qui précède l'ouverture des états généraux, plusieurs des bailliages de la province croient devoir appeler énergiquement l'attention du pouvoir sur un état de choses qui compromet de la façon la plus grave non-seulement les intérêts économiques, mais la situation générale du pays. Il n'est pas douteux, en effet, que, soit en Normandie, soit ailleurs, ces souffrances de la classe industrielle au commencement de 1789 n'aient ajouté des ferments d'agitation à ceux que l'état général avait fait naître, et peut-être faut-il chercher là une des causes les plus actives de ces émotions fébriles qui se traduisirent en tant de lieux par des troubles et par des violences, à l'heure solennelle de l'ouverture de ces états généraux qui, en permettant les espérances les plus hardies à toutes les classes du tiers état, auraient dû par cela même ajourner tout au moins l'explosion de ces impatiences.

William Pitt avait donc eu raison, quand, au sein du parlement, répondant aux reproches qui étaient adressés à la prétendue ignorance du négociateur, M. William Eden, il affirmait que le traité réservait à l'Angleterre bien plus d'avantages qu'à la France. A la place du marché américain, que l'acte d'indépendance des États-Unis semblait devoir fermer pour toujours aux produits britanniques, l'Angleterre avait donc créé, avait donc ouvert à sa porte un marché de 24 millions de consommateurs. Aux yeux du ministre, ce n'était pas seulement un ample dédommagement du préjudice que la guerre d'Amérique venait de faire souffrir à l'Angleterre; c'était comme une revanche politique obtenue sur la nation qui avait le plus contribué à lui infliger les désastres de cette guerre; et en cela il avait plus raison, encore une fois, que l'opposition, qui s'obstinait à ne voir dans cette convention, conclue avec la « mortelle ennemie » de l'Angleterre, qu'une transaction également inopportune et dangereuse.

Dans la lutte mémorable qu'il avait soutenue à ce sujet, W. Pitt ne s'était pas uniquement placé, d'ailleurs, au point de vue des intérêts matériels de son pays. Sa pensée d'homme d'État s'était élevée plus haut, et il avait salué dans le nouveau traité l'apaisement et la disparition des jalousies séculaires qui avaient régné pendant si longtemps entre les deux pays. Les orateurs de l'opposition, Fox, Burke et lord Grey, ayant à plusieurs reprises insisté sur l'antipathie irrémédiable des deux nations et déclaré que l'Angleterre devait éternellement se défier de la France : « On emploie le mot de *jalousie*, avait répondu William Pitt, de ce ton mordant et ironique qui rendait son éloquence si redoutable ; que veut-on dire avec cette expression ? Conseille-t-on à ce pays une jalousie insensée ou aveugle, une jalousie qui lui fasse rejeter follement ce qui doit lui être utile, ou accepter aveuglément ce qui doit tourner à sa ruine ? La nécessité d'une animosité éternelle contre la France est-elle donc si bien démontrée et si impérieuse, que nous devions lui sacrifier les avantages commerciaux que nous pouvons espérer de nos bons rapports avec cette nation ? Ou bien une union pacifique entre les deux royaumes est-elle quelque chose de si funeste, que l'accroissement de notre commerce ne soit pas une nécessité suffisante ? Les querelles de la France et de l'Angleterre ont duré assez longtemps pour lasser ces deux grands peuples. A voir leur conduite passée, on dirait qu'il n'ont eu d'autre but que de s'entre-détruire ; mais, j'en ai la ferme confiance, le moment approche où, se conformant à l'ordre providentiel, ils montreront qu'ils étaient mieux faits pour des rapports de bienveillance et d'amitié réciproques ! » Et ce sentiment d'inimitié et de jalousie contre la France se reproduisant encore dans les débats : « Je n'hésiterai pas à combattre, dit encore William Pitt, la doctrine, trop souvent soutenue, que la France sera éternellement l'ennemie de la Grande-Bretagne. Il est puéril et absurde de supposer qu'une nation doive être l'ennemie irréconciliable d'une autre. Cette opinion n'a de fondement ni dans la connaissance de l'homme, ni dans l'expérience des peuples. Elle calomnie la constitution des sociétés politiques, et prête à la nature humaine un vice par trop infernal. » W. Pitt trouvait donc dans le traité qui venait d'être conclu l'assurance que les deux nations allaient vivre désormais dans des rapports de bienveillance et d'amitié réciproques...

On sait, hélas! que ce qui approchait à ce moment, ce n'était pas précisément cette ère d'apaisement et d'oubli des vieilles haines. Bien au contraire, c'était l'ère d'une lutte acharnée et violente, aussi violente et acharnée qu'aucune de celles que Pitt reléguait dans l'éloignement du passé, et que les nouveaux rapports des deux nations devaient empêcher à tout jamais de se reproduire. Ce que préparait encore ce prochain avenir, c'était, au sein de ce parlement où Pitt adressait ce noble appel à l'esprit de conciliation envers la France, la prodigieuse évolution politique qui allait faire d'un ministre si favorable à notre alliance le plus mortel ennemi de notre nation, et de ces hommes d'État dont il poursuivait avec cette âpreté de langage les jalousies nationales, les partisans dévoués d'une entente avec notre pays. Lors donc que, du haut de la tribune, Pitt faisait entendre ces paroles d'apaisement et de réconciliation, il était loin, comme on le voit, de pressentir qu'un avenir aussi prochain réservât à ses prévisions un démenti aussi éclatant.... Il est vrai que le jour où il se tourna de la sorte contre nous, il pouvait dire pour sa justification que cette France à laquelle il déclarait une implacable guerre n'était plus, après tout, la France de Louis XVI, et qu'au moment où il engageait les hostilités avec elle, le traité de 1786, dénoncé et brisé par un acte de février 1793, n'était plus qu'une lettre morte, et n'existait plus que comme un lointain souvenir.

L'opinion qu'il avait soutenue était juste, d'ailleurs; il n'est pas douteux que le lien le plus solide et le plus durable que la diplomatie puisse nouer entre deux peuples, c'est le lien des intérêts économiques. Il n'y a pas de meilleure garantie de la paix, parce que, quand elle est menacée, ce ne sont pas seulement les réclamations de tel homme d'État ou de tel parti qui protestent en sa faveur; c'est le concert de millions de voix qui s'élèvent de tous côtés pour la défendre, au nom de tous les intérêts qu'une lutte menace de compromettre et de faire périr.... Mais pour que ce concert de voix s'élève avec cette force et avec cette unanimité, il faut que les intérêts réciproques des deux pays aient trouvé, dans les transactions qui les ont rapprochés, une satisfaction presque égale, et nous avons vu que ce résultat n'avait pas été précisément celui du traité de 1786. La lutte ne s'étant pas engagée avec des chances égales, le dessein des deux cabinets de chercher dans ce traité le gage permanent d'un rapprochement entre les deux pays, pour avoir été un dessein louable en soi, était donc tout au moins prématuré. Or c'est surtout dans l'ordre économique, qui représente des intérêts si multiples, si délicats et, si je puis dire, si impressionnables, que l'expérience est la véritable pierre de touche des vérités, et, quelle que puisse être leur valeur théorique, les vérités, pour peu qu'elles soient prématurées, ont à la fois le caractère et le danger des utopies.

IMPRIMERIE IMPÉRIALE. — 1863.